Qu qu

quad bike

queen

quilt

quack

squid

square

queue

squirt

qu

qu

quad bike

queen

quilt

quack

squid

square

queue

squirt

The picture on page 12 is of a **qu**estion mark.

Ransom Alpha Stars

Aa	Rr	sh
Bb	Ss	th
Cc	Tt	ng
Dd	Uu	ai
Ee	Vv	ee
Ff	Ww	oa
Gg	Xx	igh
Hh	Yy	oo
Ii	Zz	ar
Jj		or
Kk	ck	ur
Ll	ff	ow
Mm	ll	oi
Nn	ss	ear
Oo	zz	air
Pp		ure
Qu/qu	ch	er

Alpha Stars